AF463977

TRAITÉ
DES NÉGATIONS
DE LA
LANGUE FRANÇOISE.

Conveniat verbo cui apponitur.... nisi aliquid efficitur, redundat. QUINTIL. *l.* 8, *cap.* 6.

A PARIS,
Chez GUILLOT, Libraire, à l'ancien College de Bayeux, rue de la Harpe.

M. DCC. LXXX.
Avec Approbation, & Permission.

AUX AUTEURS.

MESSIEURS,

J'AI l'honneur de vous dédier un *Traité des Négations de la Langue Françoiſe*, parce que je me ſuis apperçu, en liſant vos Ouvrages, que vous n'êtes point d'accord entre vous ſur l'uſage que vous faites de la *Négation*: les uns la rejettant, & les autres l'admettant indifféremment dans la même phraſe, avec les mêmes mots, & dans les mêmes circonſtances; & que par ce petit Traité de Paix je cherche à vous ramener, s'il eſt poſſible, tous à un même ſentiment. Un Petit-Maître de la Cour, enivré de ſa grandeur, de ſes richeſſes, & de ſa gloire, ne manquera pas de dire, qu'il vaudroit mieux vous dédier un Traité des *Négations* de la fortune, qu'un Traité des *Négations* de la Langue Françoiſe. Mais quand il ſeroit vrai que la fortune ne regardât pas toujours les Auteurs d'un œil favorable, quoique dans ce ſiecle on en voie pluſieurs auxquels la fortune a ſouri très-agréablement, & que jamais il n'y eut ſiecle où la fortune ait moins exercé ſes rigueurs à leur égard, & paroiſſe avoir moins eu pour eux un viſage *négatif*; vous n'en ſeriez pas pour cela, MESSIEURS, moins eſtimables. La pauvreté, dit Plutarque, en parlant du juſte Ariſtide, n'a rien de honteux, dès qu'on l'a choiſie préférablement aux richeſſes pour vivre avec plus de probité, & pour être plus à même de s'appliquer aux Sciences & aux beaux Arts; & c'eſt en ce ſens que les Romains diſoient : *Bonæ mentis ſoror eſt paupertas*. La pauvreté n'eſt honteuse, ajoute l'Historien d'Aristide, que pour ceux qui sont pauvres malgré eux, qui ont fait, & qui font encore journellement tous leurs efforts pour devenir riches, sans pouvoir y parvenir, & non pour ceux qui l'ont embrassée généreusement & volontairement, tel qu'Aristide, Socrate, Curius, Fabricius, &c. Ainsi les Auteurs, puisqu'en général ils aiment mieux acquérir des connoissances que des richesses, & qu'ils ne travaillent que pour orner la mémoire & améliorer leurs mœurs & leur esprit, doivent-ils être réputés pauvres, & se trouvent-ils dans la classe de ceux que les Grands rebutent, à raison de leur peu de fortune? Aussi ont-ils moins à craindre aujourd'hui de n'être pas estimés des Grands, & même de n'obtenir pas leur faveur, puisqu'il n'y en a plus à présent, ni à la Cour, ni à la Ville, qui ne se fasse une gloire de les bien accueillir ; & c'eſt à la Philoſophie (1), MESSIEURS, que vous devez cette heureuſe révolution : car à meſure que les lumieres s'étendent, les riches même deviennent plus humains & plus raiſonnables. Plutus a toujours eu un bandeau ſur les yeux ; & dans tous les âges du monde, les hommes ſe ſont plaints qu'il diſpenſoit preſque toujours ſes faveurs en aveugle. Un ſage Adminiſtrateur, dont la bienfaiſance eſt toujours éclairée du flambeau de la Philoſophie, a déja levé un coin du bandeau, enſorte que Plutus commence à y voir ; & il faut eſpérer que ſes dons ſeront déſormais répandus avec plus de choix, & que vis-à-vis des Auteurs, il y aura

(1) Toutes les fois que l'Auteur parle de Philoſophie dans cet Ouvrage, il entend la vraie Philoſophie, la Philoſophie qui nous rend religieux & citoyens, généreux & bienfaiſans, amis de Dieu & amis des hommes.

moins de *négations* à l'avenir dans ſes bienfaits ; quoique depuis long-temps les Poëtes ne ſe plaignent plus, ne gémiſſent plus, & ne diſent plus comme autrefois : *Ingenium quondàm fuerat pretioſius auro.*

Si je prends donc la liberté, MESSIEURS, de vous dédier ce petit Ouvrage ſur les *Négations de la Langue Françoiſe*, je vous dirai, avec M. *Pincé*, que c'eſt pour une infinité de raiſons. Mais ma premiere raiſon, ma grande raiſon, ma bonne raiſon, c'eſt que vous êtes les ſeuls qui pouvez m'entendre, & les ſeuls qui pouvez profiter des obſervations que j'ai faites en liſant vos Ouvrages. Ce n'eſt pas que je prétende vous apprendre quelque choſe que vous ne connûſſiez pas auparavant, car ce n'eſt pas aux Maîtres que les Diſciples peuvent montrer leur Art ; mais quelquefois il arrive que les obſervations des Diſciples ne ſont pas inutiles pour les Maîtres. Il y a une grande différence entre le Grammairien & l'Orateur : celui-ci fera des fautes contre la Grammaire, & n'en plaira pas moins; tandis que l'autre qui n'a fait aucune faute contre la Langue, n'en plaira pas davantage. Les fils d'Eſculape, Machaon & Podalire, ſçauront mieux qu'Homere, diſſerter ſur la qualité des remedes qu'il faut appliquer à la bleſſure de Ménélas; mais pour qu'ils plaiſent & qu'ils inſtruiſent à la fois, il faut qu'Homere les faſſe parler. Je ſerai infiniment flatté, ſi vous voulez bien agréer les ſentimens d'eſtime, & le reſpect profond avec lequel je ſuis, &c.

TRAITÉ DES NÉGATIONS DE LA LANGUE FRANÇOISE.

ON peut en général dire de la *Négation*, ce qu'a si judicieusement dit Quintilien de l'Épithete : que les Poëtes peuvent quelquefois s'en servir indifféremment & avec liberté : *eâ Poëtæ liberiùs utuntur* ; mais que les Orateurs & tous les Ecrivains en prose, ne doivent ni la retrancher lorsqu'elle est nécessaire & qu'elle convient au verbe qu'elle accompagne : *conveniat verbo cui apponitur*, ni l'admettre lorsqu'elle n'ajoute rien au sens, puisqu'alors elle devient superflue : *nisi aliquid efficitur, redundat*. Que Racine, l'élégant & judicieux Racine (1), s'exprime ainsi :

Sçais-je *pas* que Taxille est une ame incertaine ? ..
Craignez-vous que mes yeux versent trop peu de larmes ? . . .

---

(1) Aucun Poëte moderne ne paroît avoir mieux rempli que Racine ce précepte d'Horace : *Non satis est pulchra esse poëmata, dulcia sunto.*

Mon oreille n'est point blessée de sentir en ces endroits la *Négation* supprimée, & l'on pardonne en faveur du sens, de la pensée, & surtout de la rime, une infraction légere aux regles de Syntaxe. Mais cette même faute, on ne la pardonnera pas à l'Orateur, au Prosateur, puisque celui-ci n'éprouve aucune contrainte dans son style, & n'est point asservi aux regles gênantes de la versification. La Langue prosaïque & la Langue poëtique différent entierement, & & le froid tribunal de la Grammaire n'est pas fait pour être érigé au haut du Parnasse.

Par une raison semblable à celle que nous venons d'exposer en prenant des exemples dans Racine, on pardonne également aux Poëtes d'admettre quelquefois la *Négation* & d'en faire usage dans certaines circonstances, d'où la bannissent les regles de Grammaire, par exemple :

Avant qu'on *ne* subisse un si rude esclavage,
Plutôt qu'on *ne* verroit votre cœur dégagé,
Il ne tiendra qu'à toi qu'aux effets je *ne* passe ;
Il n'eut pas *moins* d'esprit qu'il *n*'avoit de courage,
N'ayant pas *mieux* parlé qu'on *ne* l'avoit prévu, &c.

Il paroît qu'ici la *Négation* est redondante, ainsi que s'exprime Quintilien :

redundat ; & c'est le cas de dire avec la Sçavante de Moliere :

De *ne* mis avec *non* tu fais la récidive ;
Et c'est, comme on t'a dit, trop d'une négative.

On ne doit donc pas la souffrir en prose, sans y être autorisé, ou par l'usage, ou par la regle. Or nous verrons si l'usage & la regle la proscrivent ou l'exigent dans ces sortes de phrases. Mais en poësie, c'est toute autre chose ; l'on a un champ plus vaste, & le Poëte peut avec liberté enfreindre les loix de la Grammaire, pourvu qu'il ne se transforme jamais en Prosateur. Le langage poëtique est un langage à part : *aliud est grammaticè, aliud poëticè loqui*, dit encore le même Quintilien. La Poësie a ses poids & ses balances pour peser les vers ; la Prose a les siens également : mais les poids & les mesures de l'une sont très-différens des poids & des mesures de l'autre, ainsi que l'a fait voir l'Auteur du *Racine vengé*. Le Poëte peut franchir les barrieres imposées par la Syntaxe, lorsqu'il en résulte pour le vers une beauté nouvelle, ou lorsque la tournure en devient plus propre à flatter l'oreille : *Suavitatis causâ peccare liceat*. Il peut, il doit même, suivant les circonstances, s'élever au-dessus d'un purisme grammatical, briser les chaînes de la construction, & secouer le joug de la Syntaxe, pourvu qu'il en résulte une beauté pour le sens, & un agrément pour l'oreille. Si par exemple, à ce charmant vers de Quinaut :

*Plutôt qu'*on *ne* verroit votre cœur dégagé,

on vouloit substituer celui-ci :

Avant qu'on vît jamais votre cœur dégagé,

il est certain qu'il n'y auroit plus de faute contre la Syntaxe ; mais je ne sçais quel charme disparoîtroit, pour ne laisser plus appercevoir qu'une tournure prosaïque, quoique noble & élégante, &c. On passe donc aux Poëtes leurs fautes de Grammaire, en faveur de leurs beautés poëtiques. C'est ainsi que dans Corneille & Moliere, les vices du langage sont effacés par les traits de génie dont brillent leurs Ouvrages. *Nous vous tenons quitte*, disoit Madame de Sévigné à un jeune Poëte, qui prétendoit avoir fait une Tragédie dans le goût de Corneille, sans être tombé dans ses fautes de langage ; *Nous vous tenons quitte de ses beautés ; donnez-nous seulement ses défauts, & nous serons satisfaits.*

Nous sommes donc obligés de prévenir le Lecteur, que dans les difficultés que nous allons agiter touchant les *Négations*, nous ne prétendons nullement donner atteinte aux loix de la Poësie, ni combattre les locutions poëtiques ; car la contrainte du vers, la gêne de la rime, & la difficulté de la versification, ont fait accorder à la Poësie des droits, des licences & des priviléges, auxquels ne participent point les Prosateurs, dont la diction doit toujours être pure, exacte & correcte.

Les Grammairiens distinguent les *Négations*, d'abord en particules négatives, qui sont les *Négations* propres, les vraies *Négations*, les seules *Négations* : *Non*, *ne*, *pas*, *point*, & *point du tout* qui répond au *minimè* des latins; ensuite en adverbes négatifs de comparaison, comme : *plus*, *moins*, *mieux*, *pis*, *autrement*, &c. ; en adverbes négatifs absolus : *rien*, *jamais*, *nullement*, *sinon*, *si ce n'est*, &c. ; en conjonctions négatives : *à moins que*, *de crainte que*, *de peur que*, *ni*, &c. ; en adjectifs négatifs de comparaison : *meilleur*, *pire*, *moindre*, *autre*, &c. ; en pronoms négatifs indéfinis : *aucun*, *nul*, *personne*, *pas un*, *qui que ce soit*, &c. ; enfin en prépositions négatives, comme *sans*, &c. Mais tous ces mots divers, appellés négatifs, ne portent ce nom qu'à raison de la *Négation ne* qu'ils entraînent toujours avec eux, par exemple : cela est *plus* grand, ou *moins* grand, ou *pis*, ou *autrement* que vous *ne* dites : *rien ne* vous convient, vous *n'*êtes *jamais* content, cela *n'*est *nullement* de votre goût, &c. ; *à moins que* vous *ne* veniez, *de crainte que* vous *ne* passiez, *de peur que* vous *ne* tombiez ; *ni* vous, *ni* lui, *ni* moi, *ne* sommes raisonnables, &c. : cela est *meilleur*, ou *pire*, ou *moindre*, ou *autre* que vous *ne* pensez, &c. : *pas un ne* l'a dit ; *aucun ne* vous en parle, *nul n'*en raisonne, *personne n'*en convient, &c. Quant à *sans*, *sinon*, *si ce n'est*, ce sont des mots composés de la *Négation ne*, &c. Dans la Langue Latine, mere de la Langue Françoise, on reconnoît également que les mots : *nullus*, *nunquàm*, *nihil*, *nisi*, *neuter*, *quin*, *ni*, *nè*, *nemo*, *nequaquàm*, *sinè*, &c. sont formés de la *Négation non*. Ainsi, les doutes qui peuvent s'élever à l'égard des *Négations*, ne regardent absolument que la négative *ne*, suivie d'un *verbe*, & précédée d'un *que* ; les autres particules ne faisant naître aucune difficulté.

Doit-on dire : *Avant que* vous *ne* fassiez, ou *avant que* vous fassiez, ou *avant que* vous fassiez cela, & que vous *ne* veniez me voir, en répétant seulement le *que* dans le second membre de la phrase ? Le Rhône impétueux remontera vers sa source, *avant que*, ou *plutôt que* le Suisse oublie, ou *n'*oublie la liberté. Antiochus ne sortira point de l'enceinte de ce cercle, *avant qu'*il ait prononcé, ou *avant qu'*il *n'*ait prononcé oui, ou non. Prenez-garde que je ne dis pas: *qu'*il *n'*ait prononcé, *quin dixerit*, en sous-entendant la préposition exclusive *sans*, mais *avant qu'*il ait prononcé, *antequàm dixerit*, &c. Un grand Auteur, un brillant Auteur, & l'un des plus fameux Auteurs qui aient jamais existé, soit pour le fond des pensées & la partie du raisonnement, soit pour les agrémens du langage & la partie du style, s'exprime toujours de la sorte: *avant que* vous *ne*, &c.: *avant que vous* ne *parveniez à ce période, avant que le corps* ne *soit développé, avant que l'ame* ne *se manifeste, avant que ses soins* n'*eussent inspiré cet attachement*, &c. Si l'on doit dire, *avant que* vous *ne*, &c., alors la préposition *avant que* deviendra négative, ce qu'elle n'a point été auparavant, puisque la *Négation* n'a jamais avec elle fait société que sous la plume d'un grand Ecrivain, il est vrai, dont l'autorité suffiroit non-seulement pour la faire recevoir & lui donner droit de Bourgeoisie, mais encore pour l'illustrer & l'annoblir.

Doit-on dire: César en mourant *ne* laissa

pas *moins* de fortune à ſes Satellites, qu'il laiſſa, ou qu'il *ne* laiſſa de vices à l'Univers? Une grande parleuſe, ſi elle n'eſt pas jolie, *n'*eſt pas *mieux* écoutée que l'eſt ou que *ne* l'eſt un grand parleur. Alexandre *n'*a pas eu pour l'Illiade *plus* d'admiration que *n'*en a eue, ou qu'en a *eue* Frédéric pour la Henriade. Les Viſirs des Deſpotes *n'*ont pas ordinairement *plus* de probité qu'il faut ou qu'il *ne* faut, qu'il *ne* convient ou qu'il convient d'en avoir. Fénélon *n'*étoit pas *plus* Moliniſte, que Boſſuet étoit ou *n'*étoit Janſéniſte. Les fictions d'Homere *ne* ſont pas *moins* utiles qu'elles ſont ou qu'elles *ne* ſont agréables. Les Provinces *ne* doivent pas payer *plus* qu'elles reçoivent ou qu'elles *ne* reçoivent. Turenne en mourant *ne* laiſſa pas *moins* de vertus à l'Univers, qu'il laiſſa ou qu'il *ne* laiſſa peu de fortune à ſa famille. Cela *n'*eſt pas *autrement* que vous dites, ou que vous *ne* dites. Sa fortune *n'*eſt pas *meilleure* aujourd'hui, qu'elle étoit ou qu'elle *n'*étoit auparavant. Ses richeſſes *ne* ſont pas *moindres* que vous l'avez dit ou que vous *ne* l'avez dit. On *ne* peut répandre *plus* d'agrément & *plus* de ſel dans cette piece de Poëſie, que l'Auteur a ſçu ou *n'*a ſçu le faire. Il eſt *impoſſible* de *mieux* verſifier que vous l'avez fait ou que vous *ne* l'avez fait. Les Asiatiques, en se donnant des Maîtres arbitraires, ne pouvoient faire *pis* qu'ils ont fait ou qu'ils *n'*ont fait, &c. Enfin, quand la *Négation* est déja exprimée dans le premier membre, doit-elle encore l'être dans le second ? On trouve des exemples pour & contre dans les Auteurs ; mais ceux qui admettent la *Négation* dans le second membre, après l'avoir déja annoncée dans le premier, sur quoi sont-ils fondés, puisque les adjectifs & adverbes négatifs de comparaison semblent ne devoir exiger la *Négation* qu'une fois ; & si l'Ecrivain veut la redoubler, il détruit au second membre de la phrase ce qu'il affirmoit au premier? Dans ces exemples : Racine devoit être *plus* fier de ses talens, que *ne* doivent l'être, & le Noble de sa naissance, & le Financier de ses richesses. Le Citoyen est toujours *moins* timide que *ne* l'est un Esclave. Les Dieux ont donné dans Caton un modele de vertu, *meilleur* qu'ils *ne* l'avoient donné dans Ulysse. Vos richesses s'augmenteront *plus* que vous *ne* pensez, à mesure que vous en ferez part à plus de monde. Le Romain s'aimoit encore *plus* lui-même qu'il *n'*abhorroit ses tyrans. Caton pense *autrement* que *ne* pense Catilina. Le systême du réfroidissement du globe est-il *mieux* attaqué qu'il *n*'eſt défendu, &c.? Dans toutes ſes locutions, dis-je, & autres ſemblables, il eſt évident que la *Négation* doit néceſſairement ſe trouver au ſecond membre de la phraſe, puiſque les adjectifs & adverbes négatifs de comparaiſon l'exigent, ou avant ou après, ou exprimée ou ſous entendue, comme dans cette phraſe: Les Gens de Lettres ſont *plus* Citoyens que les Gens de Cour, c'eſt-à-dire, *que ne le ſont* les Gens de Cour, & la négative eſt ſous entendue, &c. Enfin, les adjectifs adverbes de comparaiſon doivent-ils être toujours accompagnés de la *Négation* au ſecond membre de la phraſe, lorſqu'elle eſt déja exprimée dans le premier, & faut-il exiger la négative dans les deux cas à la fois?

Doit-on dire: Peut-on être *plus* malheureux que je le ſuis, ou que je *ne* le ſuis? Qui a pu imiter Caton *plus* parfaitement que le fit Brutus, ou que *ne* le fit Brutus? Perſonne a-t-il de *meilleures* mœurs que le ſont les vôtres, ou que *ne* le ſont les vôtres, &c.? Par quelle raiſon, & l'oreille & le ſens ſemblent-ils demander, dans ces ſortes de locutions, le retranchement de la négative? Seroit-ce préciſément parce qu'elles renferment une interrogation? Mais nous venons de voir qu'il faut dire : Le syſtême du réfroidiſſement du globe eſt-il *mieux* attaqué qu'il *n*'eſt défendu , &c. ?

Doit-on dire : *Doutez*-vous que Fabricius ſoit ou *ne* ſoit le plus grand des Romains? Je doute qu'Athénée fût ou *ne* fût le plus ſçavant des Grecs. Vous *doutez* qu'on doive ou qu'on *ne* doive mourir pour la cauſe du bien publique. *Doutez*-vous que ce ſoit là ou que ce *ne* ſoit là, ce que pratiquoient les Romains , &c. ? En un mot , y a-t-il & peut-il y avoir des occurrences ou le *que* , précédé des verbes de *doute* , lorſqu'il s'exprime par *utrùm* , & non par *quin* , ſoit que le verbe devienne interrogatif comme *doutez-vous* , ſoit qu'il devienne affirmatif , comme *je doute que* , doive être accompagné de la *Négation* ?

Doit-on dire : On ne fera point de bons Livres touchant la félicité publique , *juſqu'à* ce qu'on jouiſſe ou *ne* jouiſſe de la liberté de la preſſe. *Tant s'en faut* que le Traducteur ait ou *n*'ait rendu le ſens , c'eſt que , &c. *Loin que* ſous un grand Roi on faſſe ou l'on *ne* faſſe des progrès vers l'eſclavage , c'eſt qu'au contraire il abolit la ſervitude. *Tant s'en faut* que les malheurs répandus ſur la terre par l'uſurpation de Céſar aient été ou *n*'aient été réparés , c'eſt que , &c. &c.

Ce qui fait que quelques Auteurs admettent la négative dans ces ſortes de locutions, c'eſt qu'ils croient que le verbe au ſubjonctif eſt régi par *quin*. Mais le *que*, dans les phraſes précédentes, eſt exprimé par *donec*, *ut*, *uſquedùm*, &c., & alors il n'exige pas la *Negation*, à moins que l'uſage n'y ſoit contraire. On dit bien : *multùm* ou *parùm abeſt quin*, mais on dit : *tantùm abeſt ut*, &c. *Uſquedùm* ou *donec* peuvent auſſi ſe rendre par *quin* ; mais alors on fait diſparoître *juſqu'à*, en laiſſant ſeulement *que*, & en ſous-entendant la particule *ſans*. On ne fera point de bons Livres touchant la félicité publique, *qu'*on *ne* jouiſſe de la liberté de la preſſe.

Voilà à peu-près & en général les exemples qu'on peut rapporter touchant les *Négations* admiſes ſans néceſſité, & qui n'ajoutent rien au ſens de la phraſe : *Niſi aliquid efficitur, redundat*. Voyons à préſent des exemples de négatives omiſes & ſupprimées.

Doit-on dire : Je n'*empêche* pas que le Citoyen combatte ou *ne* combatte pour la liberté ? Eſt-il poſſible d'*empêcher* que ce qui a été fait, ait été fait ou *n'*ait été fait ? Si le Riche peut *empêcher* que le Pauvre ſouffre ou *ne* ſouffre, c'eſt un voleur de ne le pas faire, &c. Un Ecrivain ingénieux, célebre dans toute l'Europe par l'élégance & la vivacité de ſon ſtyle, ſupprime toujours la *Négation* après *empêcher. Le Gouvernement doit empêcher que l'on opprime le Cultivateur. Il ne faut pas empêcher que l'économie s'introduiſe dans la Finance*, &c. Je crois qu'il a tort, puiſque ni l'uſage, ni la regle ne peuvent l'autoriſer à ce changement. Oter la négative après *empêcher*, eſt une faute dont on s'apperçoit tout à coup; & ſi d'abord elle ne ſaute pas aux yeux, elle ſaute incontinent aux oreilles.

Doit-on dire : Il faut *éviter* que nous faſſions ou *ne* faſſions cette faute. *Prenons-garde* qu'il nous arrive ou qu'il *ne* nous arrive d'abandonner la vertu. Nous *appréhendons* que cet homme ſoit ou *ne* ſoit malheureux. Pourquoi *prohiber* que l'on glane ou qu'on *ne* glane dans les campagnes, &c. ?

Doit-on dire : Je ne *doute* pas que l'or ſoit ou *ne* ſoit la ſeule divinité qu'on adore à la Cour ? Car ſi l'on ôte le ſubjonctif, c'eſt-à-dire, le ſens douteux, le ſens indéfini, & qu'on prenne la voie affirmative en ſe ſervant de l'indicatif ou du ſens défini, la *Négation* diſparoîtra ; Je ne *doute* pas que l'or eſt la ſeule divinité qu'on adore à la Cour, &c. Je puis vous parler *ſans que* vous

vous fâchiez, eſt fort bien dit, *quin iraſcaris*. Mais ſi j'exprime la *Négation* dans le premier membre de la phraſe, en offrant un ſens contraire à l'eſprit : Je *ne* puis vous parler, faut-il dire, *ſans que* vous vous fâchiez, ou *ſans que* vous *ne* vous fâchiez; car ſi je ſupprime le *ſans*, & que je le laiſſe ſous entendu, je dois dire : *que* vous *ne* vous fâchiez, &c. ?

Doit-on dire : on *ne* peut *diſconvenir* que Caton aimât ou *n'*aimât la liberté ? Peut-on *nier* que la philoſophie rende ou *ne* rende les hommes citoyens ? Il *n'*eſt pas *impoſſible* qu'il réuſſiſſe ou qu'il *ne* réuſſiſſe. Je *ne* déſapprendrai pas à mon âge que la vertu ſoit ou *ne* ſoit préférable aux richeſſes. Il *n'*eſt pas que vous ſachiez ou que vous *ne* ſachiez. Il *n'eſt pas juſqu'*aux ouvrages de marbre qui ſe détruiſent, ou *ne* ſe détruiſent ? &c. Il paroît que dans toutes ces phraſes on doit ſe ſervir de *quin*, & alors la négation eſt néceſſaire.

Doit-on dire : il a fait *plus* qu'il devoit ou *ne* devoit ? Si je retranche la négation, je me conforme au latin : *fecit plus quàm debuit*, dit Térence. Il a parlé *plus* qu'il faut, dit Plaute : *Dixit plus quàm ſat eſt*. La choſe eſt *autrement* que vous croyez, ou c'eſt *autre* choſe que vous croyez, dit

Tite-Live : *Aliter res eſt quàm credis ;* au lieu de cette expreſſion Françoiſe : C'eſt *autre* choſe que vous *ne* croyez , c'eſt-à-dire lorſque le *que* ne ſe rapporte pas à *choſe*, mais à *autre* , & que par-là il devient adverbe & non relatif, car ſi je dis, c'eſt *autre* choſe *que* vous penſez , pour dire *à quoi* vous penſez , il eſt certain que la négative diſparoîtra. Saluſte dit auſſi : *Dixit aliter Cicero quàm dixerat Catilina :* Cicéron parla *autrement* qu'avoit parlé , & non que *n'*avoit parlé Catilina , &c.

Doit-on dire : cela eſt ou *n'*eſt de *nulle* valeur : ce traité peut être ou *ne* peut être de *nulle* conſéquence , *&c. Les richeſſes ſont de nulle conſidération devant Dieu* , a dit Paſcal, l'un des hommes qui a le mieux écrit en françois , & dont l'autorité eſt d'un grand poids , &c. &c.

Pour répondre à toutes ces difficultés & autres ſemblables qu'on peut élever touchant les *négations* , & pour diſſiper tous les doutes qui peuvent ſe préſenter à l'eſprit d'un Auteur dans la compoſition de ſon Ouvrage , voyons quelles ſont les regles qu'on doit ſuivre , ſoit pour retrancher la négation , ſoit pour l'admettre , non en parlant , mais en écrivant , car il faut toujours diſtinguer la langue parlée d'avec la langue écrite. On peut faire, on doit même faire des fautes en parlant, soit par inadvertence, soit par négligence : la conversation vous entraîne, le feu vous emporte, & vous songez plus à ce que vous dites qu'à la maniere dont vous le dites. On ne se choque point de cela; & ce seroit une affectation bien pédantesque de reprendre les gens, soit hommes, soit femmes, & de trouver à redire à leurs expressions ou à leur langage. On peut appliquer à ceux qui les reprennent ces vers de Laynez.

> Je sens que je deviens puriste
> J'arrange au cordeau chaque mot :
> Je suis une phrase à la piste
> Je pourrois bien n'être qu'un sot.

On doit même faire des fautes par ignorance; la plupart des Dames, soit à la Ville, soit à la Cour, doivent en faire & en faire par ignorance, puisque l'étude d'une Langue est l'étude de la vie; & que pour la sçavoir parfaitement, ainsi que pour exceller dans un instrument, pour être une flutte, un violon, un haut-bois, &c., il faut s'y appliquer toute la vie. Il seroit donc fort ridicule d'exiger des Dames, puisqu'elles ne sçavent pas le latin, qu'elles qu'elles parlassent ou qu'elles écrivissent en françois comme un Grammairien qui connoît l'analogie de la Langue françoise avec la langue latine. (1)

Dans la Langue écrite, il faut encore distinguer la Poésie de la Prose; il est permis aux Poëtes de faire infraction aux loix de la Grammaire, & de s'élever au-dessus des regles, pourvu qu'il en résulte, ainsi que nous l'avons dit, ou une beauté pour la pensée, ou un agrément pour l'oreille. La poésie françoise, poésie la plus difficile qu'il y ait jamais eu en aucune Langue, n'est déjà que trop gênée, trop resserrée, trop timide, trop circonspecte; & heureux les Poëtes qui ont assez de génie pour prendre, ainsi que Racine, des li-

(1) C'est pour les Elégans de Cour qui affectent en parlant un purisme précieux & conforme à la Syntaxe, qu'a été fait le couplet suivant:

Air: *Hélas! Maman, pardonnez, je vous prie.*

Depuis qu'Almon à l'Etude s'applique,
On voit qu'il fait l'Aristarque important:
Sans cesse il tranche, il reprend, il critique,
Almon n'est plus un aimable ignorant:
Il étoit doux, il étoit pacifique;
Mais qu'il est sot depuis qu'il est sçavant!

Ceci n'est point dit pour dégoûter personne de devenir sçavant, mais pour faire voir que rien n'est plus modeste qu'un vrai Sçavant.

cences & des hardiesses qui forment de grandes beautés dans leurs ouvrages, & qui enrichissent la Langue dans laquelle ils ont écrit.

ARTICLE PREMIER.

Quand il faut retrancher la Négation dans les phrases douteuses.

Nisi aliquid efficitur, redundat.

1°. Dans les prépositions *avant que*, *plutôt que*, &c., la négation paroît être redondante, & jamais les Latins n'ont dit: *Antèquàm hoc non facias*, *priùs quàm non agas*, *&c.*, & la Langue françoise paroît avoir adopté cette locution latine, sans qu'on puisse à la vérité conclure pour cela qu'elle doive en tout se conformer au génie des Latins; car quoi qu'on dise en latin une chose de certaine maniere, & par de certaines regles, ce n'est pas une raison pour dire en françois la même chose par les mêmes regles. La Langue Françoise est fille de la Langue Latine, & quelque déguisement que l'usage puisse lui faire prendre, on la reconnoîtra toujours. Elle n'est, il est vrai, ni aussi belle, ni aussi riche, ni aussi grande qu'elle, &

la fille n'a pas tous les traits de la mere ; mais on reconnoît toujours qu'elle est sa fille. Enfin l'usage est le maître des Langues : quand l'usage varie, quand il est partagé, on a le choix ; quand il est général, constant, universel, il faut s'y conformer. Or l'usage pour *avant que* & *plutôt que* n'a jamais été d'accompagner ces mots de la particule négative, puisqu'au lieu de contribuer au sens de la phrase, on y déroge par la négation ; car si je dis *avant que* vous *ne* fassiez cela, je suppose donc qu'on ne fera pas cela, cependant on doit le faire & on le fera, mais *avant qu'*on le fasse, je vous prie d'attendre & de faire autre chose qui paroît plus nécessaire : Que je meure *avant que* ou *plutôt que* j'oublie vos bienfaits. Si je dis : *avant que* je *n'*oublie, je détruis par la négation l'affirmation que je donne, & le serment que je fais devient nul. Socrate étoit encore gai un quart-d'heure *avant qu'*il mourût. Si j'exprime la négation en disant *avant qu'il ne* mourût, je suppose donc qu'il ne mourut pas au moment que je veux désigner. *Avant que* & *après que* ne peuvent & ne doivent jamais être accompagnés de la négation, parce que l'un désigne une chose qui se fera, & l'autre une chofe qui a été faite, ou qu'on regarde comme faite. On ne doit louer les hommes qu'*après qu'*ils font morts ; quel fens auroit la phrafe fi l'on écrivoit qu'*après qu'ils ne* font morts ? La raifon qui fait exclure la négative dans *après que*, doit donc également la faire exclure dans *avant que*. Au refte l'Académie Françoife, car c'eft elle qui a formé la Langue, qui a perfectionné la Langue, & qui eft la regle & l'oracle de la Langue, dit expreffément : *avant que vous veniez*, & non *avant que* vous *ne* veniez. Voyez *avant que* dans le Dictionnaire de l'Académie.

Cependant comme l'imagination eft fertile en toutes fortes d'expreffions, & que l'efprit fçait toujours faire obéir la Langue à fes idées, je ne nie pas qu'il n'y ait des circonftances où l'on puiffe accompagner *avant que* & *après que* de la négation. Mais alors c'eft par antiphrafe, & c'eft pour révoquer en doute la certitude de l'affirmation, par exemple : je ne reviendrai de Verfailles qu'*après que* j'aurai obtenu cette grace. Ah ! dites, lui répondra-t-on, qu'*après que* je *n'*aurai obtenu cette grace, car je fuis fûr que le Miniftre ne vous l'accordera pas : *Avant que* je parte pour Verfailles, je veux voir jouer Zaïre.

Ah! dites *avant que* je *ne* parte, car je vous empêcherai bien de me quitter, dira une tendre épouse à son mari, &c. Mais ces sortes de locutions qui ne peuvent être en usage que dans le style familier, font voir précisément qu'on ne doit jamais accompagner *avant que* & *après que* de la négation.

2°. Lorsque les adjectifs & adverbes de comparaison renferment la négative dans le premier membre de la phrase, il n'est pas nécessaire (je crois, ce me semble) de la redoubler, puisque alors elle devient redondante & nuit même au sens de la phrase. Les provinces *ne* doivent pas payer *plus* qu'elles reçoivent, & non *plus* qu'elles *ne* reçoivent; car si vous redoublez la négation, vous donnez un autre sens que celui que vous voulez faire entendre. Turenne en mourant *ne* laissa pas *moins* de regrets à la France, qu'il laissa de vertus à l'univers. Si vous dites qu'il *ne* laissa; vous ferez donc entendre qu'il laissa des vices, puisque vous ôtez par la négation le mot de vertus. Aristide *n'*étoit pas *moins* sçavant qu'il étoit juste; si vous dites qu'il *n'*étoit juste, vous faites disparoître l'idée de justice que vous voulez attacher au nom d'Aristide. Les Visirs des Despotes *n'*ont pas ordinairement plus de probité qu'il faut ; si vous dites qu'il *ne* faut, vous faites un contre-sens ; car enfin vous voulez exprimer que ces Ministres doivent avoir de la probité ; mais que par malheur pour les hommes, ils n'en ont pas ordinairement *plus* qu'il est nécessaire d'en avoir, & non *plus* qu'il *n'*est nécessaire. La poésie d'Homere *n'*est pas *moins* harmonieuse que l'est celle de Virgile, c'est-à-dire que celle de Virgile est harmonieuse, & non que celle de Virgile *n'*est harmonieuse. La fortune *ne* traita pas *mieux* Brutus à Philippe, qu'elle avoit traité Pompée à Pharsale ; oserez-vous écrire qu'elle *n'*avoit traité ? On trouve en Egypte, dit Platon, des ouvrages en peinture & en sculpture depuis dix mille ans, qui *ne* sont ni *plus* ni *moins* beaux que le sont ceux d'aujourd'hui ; si vous dites que *ne* le sont, vous ôtez la beauté aux ouvrages d'aujourd'hui. César *n'*éprouva pas moins de maux qu'il en avoit faits ; direz-vous qu'il *n'*en avoit faits, puisque vous assurez qu'il en a faits ? L'Anglois *n'*a pas pour la mort *plus* de mépris que j'en ai ; si vous dites que je *n'*en ai, vous n'imitez donc pas les Anglois, &c. ?

Mais comme il n'y a point de regles

ſans exception, peut-être y a-t-il des cas où l'oreille & le ſens exigent à la fois la négation dans les deux membres de la phraſe; comme il y a peut être auſſi des circonſtances où l'on rejette toute négation : ce qui arrive (ce me ſemble,) lorſque les phraſes ſont interrogatives, non par dubitation, mais par épiphonême, c'eſt-à-dire par aſſertion, par exemple : *peut-on être plus* malheureux que je le ſuis ? Je n'oſerois pas écrire que je *ne* le ſuis, quoique la regle l'exige, pourquoi ? c'eſt que l'oreille & le ſens s'y oppoſent; l'oreille eſt bleſſée, & l'eſprit eſt révolté. Qui a ſçu imiter Caton *plus* parfaitement que le fit Brutus ? Je n'oſerai jamais dire que *ne* le fit Brutus, parce que la phraſe, étant interrogative par aſſertion, renferme celle-ci : Perſonne *n'*a ſçu imiter Caton *plus* parfaitement que l'imita & non que *ne* l'imita Brutus. La négative eſt également ſous-entendue & renfermée dans le premier membre de cette phraſe : *Peut-on* être *plus* malheureux que je le ſuis; c'eſt-à-dire, aucun homme *n'*eſt *plus* malheureux que je le ſuis, & non que je *ne* le ſuis. Les Rois *trouvent-ils* des adorateurs *plus* ſinceres & *plus* fidelles que le ſont les adorateurs des belles & des amis ? Si nous ôtons le ſecond nominatif mis après le premier verbe par anaſtrophe, nous trouverons la négation : les Rois *ne* trouvent pas des adorateurs *plus* fidelles que le ſont les adorateurs des belles & des amis. Renverſons la phraſe à préſent, & au lieu de rendre le premier membre affirmatif par épiphonême, rendons-le négatif : Les belles & les amis *ne trouvent-ils* pas des adorateurs *plus* ſinceres & *plus* fidelles que *ne* le ſont les adorateurs des Rois ? La négation ſe trouve alors renfermée dans les deux membres à la fois, pourquoi ? parce qu'en ſupprimant le ſecond nominatif mis par anaſtrophe ou par euphonie après le premier verbe, la phraſe ſe trouve ainſi conſtruite : Les belles & les amis trouvent des adorateurs *plus* fidelles que *ne* le ſont les adorateurs des Rois, &c. Il faut admettre une grande différence entre la phraſe interrogative par aſſertion, & la phraſe interrogative par dubitation : Aucun Courtiſan *eſt-il* citoyen ? aucun Courtiſan *n'eſt-il* citoyen ? Ces deux phraſes, quoiqu'on les ſuppoſe interrogatives l'une & l'autre, offrent à l'eſprit un ſens bien différent ; la premiere eſt affirmative, c'eſt-à-dire, interrogative par aſſertion ou par épiphonême, & la ſeconde eſt vraiment dubitative : Tant de fiel *entre-t-il* dans l'ame des dévots ? c'eſt-à-dire, tant de fiel *n'*entre pas. *Tantùm potuit ſuadere malorum Religio ?* La Religion *cauſe-t-elle* tant de maux ? c'eſt-à-dire la Religion *ne* cauſe pas, *ne* doit pas cauſer tant de maux. Dieu exiſte, aucun homme en *doute-t-il* ? c'eſt-à-dire *n'*en doute pas. Les planetes ſont habitées, aucun homme *n'*en doute-t-il ? Cette derniere phraſe differe beaucoup de la premiere, & l'une eſt interrogative par aſſertion, & l'autre par dubitation. On voit par-là que l'interrogation par épiphonême ou par aſſertion devient toujours une antiphraſe relativement à la négative, car ſi la négation eſt exprimée, la phraſe eſt affirmative : Chaque homme *n'*eſt-il *pas* heureux ſous un Roi citoyen ? c'eſt-à-dire ; chaque homme *eſt* heureux ſous un Roi citoyen ; & c'eſt ici vraiment que les deux négations valent une affirmation. Si au contraire la négative eſt ſupprimée, elle reſte ſous-entendue, & la phraſe ceſſe d'être affirmative : *Eſt-il* des malheureux ſous un Roi citoyen ? c'eſt-à-dire, *il n'y a point* de malheureux ſous un Roi citoyen : Tous les hommes *ne ſont-ils pas* nés bons ? c'eſt-à-dire, tous les hommes *ſont* nés bons, &c.

Quand les phraſes ſont purement comparatives, & qu'elles ne renferment aucune interrogation par épiphonême, la négative doit toujours se trouver dans l'un des deux membres de la phrase, ou exprimée ou sous-entendue : La vertu vaut *mieux* que les richesses, c'est-à-dire, que *ne* valent les richesses. Quand il se trouve une conjonction, un adverbe, un adjectif, &c. après le *que* comparatif, la négation reste toujours également sous-entendue : Celui qui vous ôte l'honneur ou croit vous ôter l'honneur, fait *pis* que s'il vous assassinoit, c'est-à-dire fait *pis* qu'il *ne* feroit en vous assassinant, ou s'il vous assassinoit. La Gazette Ecclésiastique est *plus* froide que la baleine, plus endormissante que la torpille, c'est-à-dire *plus* froide que *ne* l'est une baleine ; *plus* endormissante que *ne* l'est une torpille. Caton, pour recouvrer la liberté, pouvoit prendre d'*autres* moyens que ceux dont il se servit, c'est-à-dire, que *ne* furent ceux qu'il mit en usage : César *ne* put arriver avec *plus* de diligence, qu'on *ne* s'en apperçût. Ici les deux négations sont nécessaires, parce que la seconde ne tombe pas sur l'adverbe comparatif qui devient supprimé, ainsi que son verbe, mais ils restent toujours sous-entendus : César *ne* put faire *plus* de diligence qu'il en mit, & non qu'il *n'*en mit, *sans qu'on ne* s'en apperçût, &c. On peut donc (ce me semble) établir pour regle générale, qu'une seule négation doit être suffisante dans les phrases comparatives, & que la seconde est ordinairement redondante & superflue. Il me paroît que c'est l'opinion de l'Académie Françoise, Juge souverain en matiere de grammaire & de goût, parce qu'elle s'exprime ainsi dans la Préface de son Dictionnaire : *Cette guerre ne fut pas moins heureuse qu'elle étoit juste*, & non qu'elle *n'*étoit juste.

3°. Lorsque entre deux verbes le *que* ne s'exprime pas par *quin*, *nè*, *quominùs*, &c., mais par *utrùm*, *quòd*, *ut*, *usquedùm*, &c., la négation devient redondante : je *doute* qu'aucun homme soit plus vertueux que Caton, & non pas *ne* soit : *dubito utrùm*, &c. ou *quòd*, ainsi qu'on s'exprimoit quelquefois dans la basse latinité : Il est *douteux* que le courtisan jouisse des vrais biens, & non pas *ne* jouisse : Je *doute* que vous & moi soyions philosophes, & non pas *ne* soyions &c. *Dubitatur utrùm*, & non *quin* &c. On ne jouira point de la félicité publique, *jusqu'à ce* qu'on préfere le bien général au bien particulier, & non *jusqu'à* ce qu'on *ne* préfere ; *donec*, ou *uſquedùm*, & non pas *quin* &c. *Tant s'en faut* que Brutus fut vaincu, & non *ne* fût vaincu par Auguſte, c'eſt *qu'*au contraire il défit Auguſte. *Tantùm abeſt ut* &c. *ut è contrà* &c. *Loin que* la philoſophie nuiſe, & non pas *ne* nuiſe, *c'eſt qu'*elle rend les hommes plus citoyens, & plus portés au bien général qu'au particulier : *tantùm abeſt ut* &c. *ut è contrà* &c. Obſervez, je vous prie, que ſi l'on admettoit la négative au premier membre de la phraſe, il faudroit auſſi l'admettre au ſecond, puiſque les deux *que* ſont analogues, ſont relatifs, ſe répondent mutuellement, & s'expriment l'un & l'autre de la même maniere. Il en eſt de même avec *plus*, *moins*, &c. lorſque ces adverbes ſont redoublés, & qu'ils ſe rapportent l'un à l'autre : *Plus* vous ſerez philoſophe, *plus* vous aimerez les hommes, *plus* vous préfêrerez l'intérêt public à l'intérêt particulier, *plus* vos mœurs ſeront pures, &c. L'analogie entre ces adverbes eſt toujours par affirmation ; & ſi vous voulez nier, vous vous ſervirez alors de deux négations, en renverſant la phraſe, ou en mettant le paſſif à l'actif : *Tant s'en faut* que Brutus *ne* vainquit pas Auguſte, *c'eſt qu'*au contraire Auguſte fut défait par Brutus ; le *que* reſte toujours exprimé par *ut* &c. *Quin* ne se met après *multùm* ou *parùm abest*, que parce qu'il n'y a dans la phrase qu'un seul *que* ; le sens de la construction n'en exigeant jamais deux à la fois, lorsqu'on emploie ces deux adverbes de quantité. *Il ne s'en fallut pas de beaucoup*, ou *peu s'en fallut*, ou *il ne s'en fallut de rien*, que Brutus *ne* vainquît Antoine. La phrase est complette, le *que* n'a pas besoin d'être redoublé, & alors la négation devient nécessaire, puisqu'elle doit rendre ces mots latins, *quin vinceret*, &c. Mais direz-vous, quel besoin y a-t-il de recourir au latin, & pourquoi se conformer au génie des Latins ? Et pourquoi, vous répondrai-je, voulez-vous empêcher que la fille ne porte les traits de sa mere ? Je me souviens qu'un jeune Mylord qui sçavoit parfaitement bien le latin, & qui possédoit tous ses Auteurs, me demanda un jour si cette phrase étoit françoise : *j'espere vous voir, Monsieur le Comte, sur les trois heures quand je partirai.* Mettez votre phrase en latin, lui dis-je, & tout de suite il dit : *spero* &c. *tempore quo profecturus sum* ; à présent, continuai-je, tournez votre phrase latine en françois, & il trouva sur le champ : *temps auquel* je compte partir : locution purement latine que les Anglois n'ont point dans leur langue, parce que leur Langue a pour mere la Langue Allemande, & non la Langue Latine.

ARTICLE SECOND.

Quand il faut admettre la négation.

Conveniat verbo cui apponitur.

Il y a des négations qui viennent du latin, & celles-ci forment le plus grand nombre ; il y en a d'autres que l'usage seul a introduites, & qui ne se trouvent point dans la Langue Latine. Voyons d'abord en général les négations tirées du latin.

1°. Quand, après certains verbes, le *que* se rend en latin par *quominùs* ou par *nè*, le verbe suivant doit toujours être accompagné de la négation : je n'*empêcherai* jamais que vous *ne* fassiez le bien : Dieu me préserve d'*empêcher* que vous *ne* soyiez bienfaisant : rien n'*empêche* que nous *n'*aidions les autres : *empêchons* que les brebis *ne* soient dévorées des loups, &c. Lorsque *défendre*, *interdire*, *prohiber*, &c. sont pris dans l'acception d'*empêcher*, le *que* se rend également par *quominùs* ou par *nè*, & demande en françois la négation : *Défendez* qu'on *ne* fasse cette injusrice : pourquoi *interdire* qu'on *ne* puisse imprimer ses pensées sur le bonheur public ? *Prohibez* qu'on *n'*écrive des libelles : *qu'*il ne *tienne* pas à nous qu'on *ne* fasse le bonheur de chacun : *qu'*on ne préfere jamais les richesses à l'honneur, &c. ? Quoique la négation se trouvât renfermée dans le premier verbe, elle ne disparoîtra pas au second : *Ne défendez* pas qu'on *ne* lui fasse cette grace : gardez-vous d'*interdire*, ou n'*interdisez* pas qu'on *ne* lui rende ce service : ne *prohibons* pas qu'on *ne* puisse glaner dans les campagnes, &c. Dans ces sortes de phrase le *que* s'exprime toujours par *quominùs* ou par *nè*, & alors il exige d'être accompagné de la négation.

2°. Quand ce même *que* s'exprime seulement par *nè*, on doit l'accompagner de la négation, ce qui arrive toujours après les verbes *craindre*, *appréhender*, *éviter*, *prendre garde*, *trembler*, *avoir peur*, *avoir crainte*, &c., & par conséquent après les conjonctions *de peur que*, *de crainte que*, &c. : Je *crains* qu'on *ne* vous trompe : j'*appréhende* qu'on *ne* lui fasse des reproches : *évitons* que le Ciel *ne* nous punisse : *tremblons* qu'il *ne* nous arrive de dire du mal des autres : *prenons garde* qu'on *ne* nous porte au mal : *ayons crainte*, *ayons peur* qu'on *ne* nous blâme, &c. Mais si la négative accompagne le premier verbe, le *que* ne se rend plus par *nè*, mais par *ut* ou par *nè non*; car on trouve dans Térence: *non vereor ut id fiat*, & *non vereor nè non id fiat*; & alors ou l'on fait disparoître la négative au second verbe, ou l'on se sert de deux négations: Je *ne crains pas* que vous lisiez trop: nous n'*appréhendons pas* que vous deveniez sçavant: il *ne* faut *pas éviter* qu'on lui rende ce service: je *n'ai pas peur* qu'on blâme Caton, &c. Si vous voulez donner au second verbe de la phrase un sens contraire, en conservant toujours la négation au premier verbe, vous vous servez alors de deux négations: Je *ne crains pas* qu'on *ne* blâme *pas* César. Nous *n'appréhendons pas* que vous *ne* soyiez *pas* généreux: vous *n'éviterez jamais* de *n'être pas* bienfaisant, &c. On peut mettre aussi la double négation au second verbe, sans que le premier soit accompagné d'aucune négative: je *crains* qu'il *ne* vienne *pas*; *timeo nè non veniat*: je *crains* qu'il *ne* vienne; *timeo nè veniat*, &c. Je crains qu'il *ne* vienne *pas*, vous parlez de quelqu'un dont vous désirez la présence. Je crains qu'il *ne* vienne; vous parlez de quelqu'un dont vous craignez la présence;

& c'est à la Langue Latine que la Françoise doit cette délicatesse ; délicatesse que la Langue Italienne, quoique l'aînée, & la Langue Espagnole, quoique la puînée, ne peuvent saisir, je crois, faute de n'avoir pas sçu varier assez leurs négations, &c. En un mot, avec les verbes *craindre*, *appréhender*, &c., la négation doit toujours accompagner ou le premier verbe ou le second, ou si vous voulez la renfermer dans tous les deux, vous vous servez alors de deux négations pour rendre votre second verbe affirmatif, comme dans cet exemple : je *ne crains pas* qu'on *ne* blâme *pas* César, &c.

3°. Lorsque après les verbes de *doute* le *que* s'exprime par *quin*, il exige toujours la négation : je *ne doute pas* que Louis XII *ne* fût un grand citoyen, & *ne* fût vraiment appellé le pere de son peuple, &c. Mais si le *que* s'exprime par *quod* ou par *utrùm*, ce qui arrive toujours lorsqu'il n'y a plus de négation avec le premier verbe, alors le second verbe suit le régime du premier, & ne demande point de négative : je *doute* que César ait jamais été citoyen, *dubito quòd*, ou plutôt, je *doute* si César a jamais aimé le bien public, *dubito utrùm* ; car je *doute* que, *dubito quòd* est une expreſſion de la baſſe latinité ; & la Langue Françoiſe, ainſi que les Langues Italienne & Eſpagnole, s'eſt plus approprié & a plus emprunté de locutions tirées de la baſſe que de le haute latinité. La négative, quand il y a verbe de *doute*, doit donc toujours accompagner & le premier & le ſecond verbe ; & ſi elle ne ſe trouve pas jointe au premier, elle diſparoît au ſecond. Je crois cependant que, dans les phraſes interrogatives par aſſertion ou par épiphonême, la négative doit accompagner le ſecond verbe, parce qu'elle eſt ſous-entendue dans le premier : *Eſt-il douteux* qu'on *ne* doive mourir pour le bien public ? c'eſt-à-dire : il *n'eſt pas douteux* &c. : *non dubium eſt quin* &c. Mais ſi la phraſe eſt interrogative par dubitation, la négative eſt ſupprimée : *Doutez-vous* que l'on *doive* ou que l'on *doit* mourir pour le bien public ? *Dubitas-nè utrùm* &c. La tournure au ſubjonctif eſt la tournure latine, & la tournure à l'indicatif vient de la Langue Grecque ; quoiqu'on trouve auſſi dans les Auteurs de la baſſe latinité : *an dubitas quod debes* &c.

Après les verbes *il s'en faut peu, il s'en faut beaucoup, il ne s'en eſt fallu de rien*, &c. ſoit que le premier membre de la phrase renferme une négation, ou qu'il n'en renferme aucune, soit que l'adverbe de quantité soit indéfini : comme il s'en faut de *beaucoup*, il s'en faut de *peu*; ou qu'il soit défini : comme il s'en faut *du tout au tout*, il s'en faut de *cent degrés* &c., le *que* qui précede le second verbe s'exprime toujours par *quin*, & conséquemment exige d'être en François accompagné de la négation : *Il s'en faut beaucoup* que nous *ne* soyions citoyens : *il ne s'en faut pas de beaucoup* que nous *ne* soyions citoyens : *il ne s'en faut de rien* que sous un Roi citoyen, tous ses sujets *ne* soient citoyens, & *ne* préferent le bien public au bien particulier : *il s'en faut de mille degrés* qu'un Roi guerrier *ne* l'emporte sur un Roi citoyen : *il s'en faut du tout au tout* que Charles XII *ne* soit préférable à Louis XII, &c.

Mais il y a une infinité de locutions dans lesquelles le *que* qui précede le second verbe de la phrase, s'exprime toujours par *quin*, & c'est lorsqu'on peut en françois tourner le *que* par *sans* : Il ne se passe aucun jour *qu'il ne* fasse du bien, *sans qu'il* fasse du bien, ou *sans qu'il* *ne* fasse du bien : je ne puis vous parler *que* vous *ne* vous fâchiez, *sans que* vous vous fâchiez, ou *sans que* vous *ne* vous fâchiez : *quin irascaris*. Mais la difficulté est de sçavoir si, lorsqu'on tourne la phrase par *sans*, on doit toujours supprimer la négation : Je ne puis parler de Caton *que* je *n'*admire sa vertu, *sans que* j'admire sa vertu, ou *sans que* je *n'*admire sa vertu. On peut, je crois, dire l'une & l'autre de ces trois manieres ; & c'est à l'oreille à juger lorsqu'il faut supprimer la négative ou l'admettre. Mais si la négation n'est pas renfermée dans le premier membre de la phrase, *sans* doit toujours alors marcher sans négation : Je puis parler de César *sans que* j'admire sa vertu : il est douloureux de souffrir les injures *sans qu'*on les ait méritées : je puis vous parler *sans que* vous vous fâchiez, &c. On ne peut s'exprimer autrement ; & la négation doit disparoître au second membre de la phrase, si elle n'est pas renfermée dans le premier. Mais si vous changez la phrase, & que vous lui donniez par la négation un sens contraire, par exemple en vous exprimant ainsi : je *ne* puis parler de César, faut-il alors dire, *sans que* je blâme, ou *sans que* je *ne* blâme son usurpation ? Il me semble que toutes les fois que *sans* peut se rendre simplement par *que*, on fait bien d'admettre la négative avec *sans* : je *ne* puis parler de César *que* je *ne* blâme son usurpation, ou *sans que* je *ne* blâme son usurpation : Titus *ne* laissoit passer aucun jour *qu'*il *ne* fît du bien, ou *sans qu'*il *ne* fît du bien. Mais, direz-vous, pourquoi admettre avec *sans* la négative en françois, puisqu'en latin, soit que le premier membre de la phrase la renferme, soit qu'il ne la renferme pas, le *quin* est toujours le même ? *Possum te alloqui quin irascaris : non possum te alloqui quin irascaris.* Le second membre reste toujours le même ; que le premier membre soit négatif, ou qu'il soit affirmatif ; par conséquent on peut laisser *sans* tout seul, & ne point l'accompagner de la négation en disant : je puis vous parler *sans que* vous vous fâchiez, ou je *ne* puis vous parler *sans que* vous vous fâchiez, &c. Je conviens que c'est la regle, & que cette regle vient du latin : ainsi l'on peut à la rigueur après *sans que* retrancher toujours la négation. Mais quelquefois l'oreille est flattée de la sentir, & très-souvent elle ne devient pas inutile au sens ; c'est de l'Ecrivain que dépend cette délicatesse, &c. Pour sçavoir s'il faut accompagner le second verbe de la négation, pourra-t-on objecter ; vous n'avez qu'à mettre le *sans* avec l'infinitif ? je *ne* puis parler de Caton *ſans* l'admirer, donc il faudra dire : *ſans que* je l'admire, & non *ſans que* je *ne* l'admire, puiſqu'il n'y a point de négative à l'infinitif. Mais la négation ſupprimée à l'infinitif, répondrai-je, ne prouve pas qu'on doive auſſi la ſupprimer au ſubjonctif, puiſqu'on dit : je *ne* l'empêcherai pas de *faire* le bien, & je *n'*empêcherai pas qu'il *ne* faſſe le bien : on n'incommode jamais perſonne dès qu'on *craint* d'*être* incommode, &c. Je conviens qu'il n'y a point de négation en tournant la phraſe à l'infinitif ; c'eſt-à-dire en prenant la tournure de la Langue Grecque ; mais ſi je me ſers de la tournure latine, il faut la négation : on n'eſt jamais incommode, dès qu'on *craint que* l'on *ne* ſoit incommode : je *ne* puis parler de Titus *que* je *n'*admire, *ſans que* j'admire, ou *ſans que* je *n'*admire ſa bienfaiſance, &c. Mais pourquoi ôter la liberté de retrancher ou d'admettre la négative avec *ſans*, quoique le premier membre de la phraſe ſoit négatif ? La Langue en eſt plus riche, plus variée, plus abondante ; & devient plus commode pour l'Ecrivain.

4°. *Ni*, *niſi*, &c. rendus par *ſinon*, *ſi ce n'eſt*, ne demandent point d'être accompagnés de la négation, puiſqu'ils la renferment en eux-mêmes, & leur acception eſt toujours ſi claire, que ces mots ne peuvent jamais à l'Ecrivain offrir aucune difficulté, non plus que *nec* & *nequè*, rendus par *ni*; l'uſage ajoute ſeulement à *ni* la négative, ainſi que nous allons l'expliquer plus bas. Autrefois on ſe permettoit de la ſupprimer, non quand le verbe précédoit, mais ſeulement avec le verbe qui ſuivoit; puiſque *ni*, répondant à *nec* & à *neque*, paroiſſoit ſuffiſant; & même avec *à moins que*, on ne mettoit point de négation. Les Poëtes jouiſſent encore de ces deux priviléges qu'ils ne doivent pas laiſſer perdre.

Voilà en général les négations que la langue françoiſe a empruntées de la langue latine; en voici d'autres que l'uſage a introduites.

1°. Après les adjectifs, pronoms, & adverbes négatifs: *plus*, *mieux*, *moins*, *meilleur*, *pis*, *moindre*, *autre*, *autrement*, &c., lorſqu'ils ſont ſuivis d'un *que* de comparaiſon, la langue françoiſe a judicieuſement adopté la négative avant le verbe de comparaiſon: Céſar a combattu *plus* qu'il *ne* faut. Le latin dit ſimplement, *plus* qu'il faut: *pugnavit Ceſar plus quàm ſatis eſt.*

Le ſyſtême du réfroidiſſement du globe eſt par lui-même *mieux* défendu, qu'il *n'*eſt attaqué : *meliùs ex ſe defenditur quàm oppugnatur*, la négation diſparoît en latin. Nous ſommes tous attachés à l'intérêt *plus* qu'il *ne* convient. Térence dit ſeulement, *plus* qu'il convient : *attentiores ſumus ad rem omnes* (plus) *quàm ſat eſt*, &c. Aucune langue de l'Europe, je penſe, n'adopte la négation dans cette occurrence, *più che è biſogna*, dit l'Italien : *more than it is neceſſary*, dit l'Anglois. Le Roi d'Angleterre, puiſqu'il ne peut faire que le bien, eſt *plus* l'image de Dieu ſur la terre, que *ne* le ſont tous les Deſpotes : *che ſono*, dit l'Italien : *than are*, diſent les Anglois, ſans négation, &c. Caton citoyen, penſoit *autrement* que *ne* penſoit Céſar uſurpateur : Catilina eſt un grand citoyen, pardonnez-moi, il eſt *autre* que vous *ne* dites, il eſt tout *autre* que vous *ne* penſez, &c. Les Auteurs de la baſſe latinité écrivoient : *alius eſt quàm credis : egit altero modo quàm dicis*, &c. L'Italien dit : *e altero che dice*; & l'Anglois : *he did otherwiſe than you ſay*, &c. Nulle langue vivante, je penſe, n'exprime ici la négation. Mais il faut convenir que la langue françoiſe, en exigeant la négative dans ces ſortes de locutions, ſe conforme beau-

coup

coup mieux au génie de la Grammaire ; car en se servant de ces mots : *mieux*, *plus*, *moins*, *autre*, *autrement*, &c., on affirme une chose contraire à ce que l'on a dit, & l'on nie réellement que la chose soit ainsi qu'on le prétend, puisqu'on soutient qu'elle est *meilleure*, *moindre*, *autre*, *autrement*, &c. Peut-être aussi que le premier Poëte qui a hasardé d'admettre la négative en cette circonstance, n'a consulté que son oreille, ou le nombre des syllabes de son vers, &c.

2°. Après *ni*, *nisi*, *nec*, *neque*, &c., l'usage a introduit la négation, lorsque ces mots, *ni*, *nisi*, ont l'acception d'*à moins que*, & sont rendus par *à moins que*. Anciennement on disoit : *à moins que vous fassiez* ; & Bossuet, dans ces belles Oraisons funebres, dit toujours : *à moins que Dieu fît ce miracle en elle*, &c. Aujourd'hui, il faut dire en prose : *à moins* que vous *ne* fassiez ; *à moins que* Dieu *ne* fît ce miracle ; & il faut convenir que cette négation est nécessaire, puisque dans *à moins que*, qui vient de *minùs quàm*, on ne voit aucune trace de négation ; car il n'en est pas d'*à moins que*, comme de *sinon*, *si ce n'est*, &c., où la négation se trouve exprimée. Mais pourquoi avoir accompagné de la négation les particules *ni*, puiſque par elles-mêmes elles ſont négatives ? *Ni* vous, *ni* lui, *ni* moi, ſommes citoyens comme Caton ; il faut néceſſairement en proſe dire aujourd'hui : *ne* ſommes citoyens, &c. *Invaluit uſus* ; apparemment que c'eſt par euphonie que l'uſage l'a introduite, & qu'elle n'eſt admiſe dans cette occurrence que comme particule explétive. Il eſt vrai que lorſque le verbe marche le premier, on ne peut ſupprimer la négative, même en poéſie, même en aucune langue : Nous *ne* ſommes citoyens, *ni* vous, *ni* lui, *ni* moi, comme Caton. Le Philoſophe *ne* connoît *ni* la haine, *ni* l'envie, *ni* la jalouſie, *ni* la vengeance. Il *ne* dépend de nous de naître *ni* dans tel point de l'eſpace, *ni* dans tel point de la durée, &c. Il faut cependant toujours excepter les phraſes interrogatives par épiphoneme ou par aſſertion : *Eſt-ce* que Montagne & Charron doivent être préférés *ni* à la Bruyere, *ni* à la Rochefoucaut ? ou, Montagne & Charron *ſont-ils* préférables *ni* à la Bruyere, *ni* à la Rochefoucaut, &c. ? Mais la négative eſt ſous-entendue, & c'eſt comme ſi l'on diſoit : Montagne & Charron *ne* ſont préférables *ni* à la Bruyere, *ni* à la Rochefoucaut, &c.

3°. La négation accompagne toujours

nul, quand *nul* a l'acception d'*aucun*, & peut se tourner ou se changer par *aucun*. Il *n*'est *nullement* content : je *n*'ai *nulle* lettre à lui écrire : *Nul* Auteur *n*'est riche, & *nul* Financier *n*'est pauvre : Je *ne* l'ai envoyé *nulle* part : La faveur *n*'est de *nulle* considération pour le Philosophe : Il *ne* convient à *nul* homme de préférer le bien particulier au bien général : Quand on travaille, on *n*'a *nul* besoin du riche, &c. Dans toutes ces phrases, *nul* tient toujours la place d'*aucun*, ou plutôt de *non ullus*, ou de *non aliquis*; & vous pouvez substituer *aucun*, *aucunement*, *aucune*, à *nul*, *nullement*, *nulle*, &c.

Mais si *nul* est pris pour ce qu'il doit être, c'est-à-dire, pour *nullus*, & qu'il retienne cette acception qu'il n'auroit jamais dû perdre, la négation cesse alors de l'accompagner : Les titres de noblesse sont *nuls* pour le citoyen, & non pas *ne* sont *nuls*, parce que *nuls* ne peut ici se tourner par *aucun*. Il en est de même dans les phrases suivantes : Votre procès est *nul* : Les Nobles & les Moines sont *nuls* chez les Insurgens : Votre serment est *nul* : Ce testament est de toute *nullité* : Le petit-maître a de la *nullité*, &c.

Il faut observer que tous ces pronoms

négatifs : *nul*, *aucun*, *perſonne*, *qui que ce ſoit*, &c., ceſſent de prendre la négation, lorſque la phraſe eſt interrogative par aſſertion ou par épiphoneme, & non interrogative par dubitation : Dieu exiſte, *perſonne* en doute-t-il ? *Aucun* homme, *nul* homme, *qui que ce ſoit* en *doute-t-il ?* c'eſt-à-dire, *n*'en doute pas ; & la négation, quoique non-exprimée, reſte toujours ſous-entendue. Mais ſi la phraſe eſt interrogative par dubitation, la négative doit s'exprimer : Tous les Grands de la terre ſont plus portés au bien général qu'au particulier : *aucun* homme *n*'en doute-t-il, &c. ? (Voyez plus haut à l'article *plus*, ce qu'il eſt dit des phraſes interrogatives par épiphoneme & par dubitation.)

Quand ces mêmes pronoms : *nul*, *aucun*, *perſonne*, *qui que ce ſoit*, &c., peuvent ſe tourner en latin par *nemo*, ils prennent toujours la négation : *Nul* homme, *aucun* homme, &c., *n*'eſt content de ſon ſort : *nemo ſorte ſuâ contentus*, &c. Mais s'ils ne peuvent être pris dans l'acception de *nemo*, la négation ceſſe de les accompagner : Je doute qu'*aucun* homme aime l'eſclavage : *Aucun* ne peut avoir ici la ſignification de *nemo* ou de *nullus*, & il eſt pris pour *aliquis*, d'où *alcuno* premierement, & enſuite *aulcun* & *aucun* ont été formés, &c.

4°. Après les verbes privatifs, comme *nier*, *déſavouer*, *diſconvenir*, *déſeſpérer*, &c., lorſque la négation les précede, & qu'ils deviennent doublement négatifs, la langue françoiſe adopte toujours la négative dans le ſecond membre de la phraſe: Je *ne nie pas*, je *ne diſconviens pas*, &c: que l'on *ne* doive préférer le bien public au particulier: Il *n'eſt pas impoſſible* que nous *ne* devenions citoyens: Nous *ne déſeſpérons pas*, ô Titus, que vous *ne* veniez à bout de nous rendre vertueux; & cependant l'on dit: je *ne déſapprouve pas* que vous lui rendiez ce ſervice, ſans admettre la négative au ſecond membre de la phraſe; ce qui feroit croire que l'uſage des négations après certains verbes privatifs vient du latin, & que les Auteurs, ſoit de la haute, ſoit de la baſſe latinité, exprimoient le *que* par *quin* dans ces ſortes de locutions, &c.

On ne peut diſconvenir que la Langue Françoiſe ne ſoit de toutes les Langues qu'on parle aujourd'hui en Europe la mieux réglée, la mieux *principiée*, ſi je puis m'exprimer ainſi, (1) graces à l'établiſſement

(1) La mieux fondée en principes, & non *principiée*,

de l'Académie Françoise ; & que ceux qui écrivent en cette Langue n'éprouvent que très-peu de difficultés, puisque tout est expliqué, tout est développé, tout est applani, tout est approfondi, ensorte que l'Ecrivain ne rencontre plus aucun obstacle à surmonter. Il n'y a que les *négations*, les *articles*, & quelques *verbes neutres*, pris tantôt à l'actif & tantôt au passif, qui occasionnent encore quelques méprises à nos Ecrivains. Mais ce sont des ombres légeres dans un tableau dont l'ordonnance est la plus parfaite qu'il soit possible, relativement à la *dégénération des Langues* (1); car aucune des Langues actuellement vivantes en Europe peut-elle se comparer aux Langues anciennes ? Il y a plus de trois mille ans qu'Homere a écrit ses poëmes, & l'on ne sçauroit comprendre comment la Langue Grecque avoit alors pu

puisque *principier* ne se trouve en aucun Dictionnaire. Mais parce que les Latins n'ont pas dit *principiare*, faut-il que les François ne puissent dire *principier* ? *Endormissante*, terme dont je me suis servi plus haut, en parlant de la *Gaz. Ecclés.* ne se trouve non plus dans aucun Dictionnaire. Cependant je les crois d'usage l'un & l'autre.

(1) Le Lecteur est prié d'observer que l'Auteur ne parle ici que par des *peut-être*, des *il semble*, des *on pourroit croire* ; & qu'il ne donne son opinion touchant *la dégénération des Langues*, que comme un systême, une pure imagination, une hypothèse, une *rêverie* même si l'on veut, &c.

acquérir cette force, cette harmonie, cette grace, cette abondance, qui la rendent la plus belle de toutes les Langues. Que l'on considere qu'il n'y avoit point alors d'imprimerie, & que les connoissances dans l'art d'écrire n'ont dû se transmettre que très-difficilement, très-lentement, & après un si grand nombre de siecles que l'imagination en est effrayée. On pourroit donc croire, contre l'opinion de M. de Fontenelle, que les hommes d'alors étoient peut-être plus intelligens & plus parfaits que ne le sont ceux d'aujourd'hui: ce qui seroit fort en faveur de l'hypothèse du *refroidissement du globe*; car tout balance dans la nature en faveur de ce systême ingénieux, & le physique & le moral, & le passé & le présent & l'avenir, mais surtout l'avenir dont nous pouvons juger par le passé, &c. Mais parmi les causes morales produites par le refroidissement du globe, je crois qu'on peut alléguer la *dégénération des Langues*, quoique le despotisme n'ait peut-être aussi que trop influé à les rendre dégénérées. M. de Fontenelle, pour prouver son opinion en faveur des modernes, demandoit fiérement si la nature produisoit du temps des anciens des arbres plus grands, plus beaux &

plus chargés de fruits que ceux qu'elle produit aujourd'hui ; si la terre étoit plus peuplée, & d'hommes, & d'animaux & de végétaux ; si les meres étoient plus fécondes, (1) &c. ? Le systême de la *chaleur centrale* sembleroit devoir décider la question.

L'Abbé de Marôles dit au commencement de ses *Mémoires* qu'il écrivoit en 1680 : qu'il lui avoit paru que depuis 1600 à 1609, 1612 &c., temps de son jeune âge, les arbres étoient plus verds ; qu'ils donnoient plus de fruits ; que le jardinage étoit plus abondant ; que les prairies étoient plus émaillées de fleurs ; que la vigne produisoit plus de raisins, &c. (2) Et ce qui paroîtra fort singulier ; c'est que depuis cette époque il n'est plus arrivé de tremblement de terre à Paris ; car le dernier tremblement (tremblement considérable, & qui ait fait époque) est précisément de 1601, année de la naissance de Louis XIII :

(1) L'Histoire dit que les trois Horaces étoient gémeaux, & que les trois Curiaces étoient aussi gémeaux, ou plutôt *trigémeaux*, ou *tridymes*, car Tite-Live les appelle toujours *trigemini*, &c. Aujourd'hui, si une mere accouche de trois enfans à la fois, les *trigémeaux* ne vivent pas huit jours ; & l'Histoire moderne n'offre aucun trait semblable à celui des Horaces & des Curiaces. *Rowe. in Tull. Host.*

(2) Tom. 1. pag. 20. ann. 1609.

ſur quoi les flatteurs de Cour ne manquerent pas de complimenter le nouveau Monarque (1).

Les vieillards d'aujourd'hui diſent auſſi que depuis 1725, année remarquable par ſes longues pluies, ils n'ont plus vu d'étés à Paris, ou du moins que les étés n'y ſont plus auſſi conſtamment beaux & chauds qu'ils l'étoient auparavant; enſorte qu'aujourd'hui, ajoutent-ils en riant, les poëtes ne ſe plaignent plus dans leurs pieces de vers de ce que la glace leur a manqué, comme on le voit encore dans les pieces de Laynez, &c. (2) Je conviens cependant qu'il peut y avoir un peu de prévention ou d'exagération dans ces récits: *Laudator* (Senex) *temporis acti*; & ce qui me

(1) La terre tremble; ne témoigne-t-elle pas ſon reſpect; ne déclare t-elle pas ſa peur? Le jeune Prince a aſſez de majeſté dès le berceau pour ſe faire adorer, aſſez de force pour ſe faire craindre. La terre branle, elle ſecoue ſes t rans, &c. *Penſ. ingén.* p. 52. Edit. de Cramoiſi. Voyez à la Table, *Pointes*.

(2) A propos de Poëtes, qui dans leurs pieces de vers ont marqué des époques, on peut citer ici Mellin de St-Gélais qui, dans un de ſes petits Poëmes, aſſure avoir préſenté à *deux Demoiſelles, le premier jour du mois de Mai*, un *plat de ceriſes nouvelles*. Il ne dit pas un bouquet, mais un plat, une corbeille; il eſt vrai qu'il ajoute qu'elles ſe ſont hâtées de croître.

Qui ſe ſont, je penſe, hâtées
Pour de vous deux être tâtées.

porteroit à le croire, c'est que Madame de Sévigné disoit en 1676, année fort distante de 1725 : « Il y a plus de dix ans » que j'avois remarqué qu'on se chauffoit » fort bien aux feux de la S. Jean (1) ».

Mais voici quelques passages de Platon qui paroîtront peut-être plus dignes d'être observés. En plusieurs endroits de ses Ouvrages, Platon s'exprime toujours de la sorte : *Les Anciens qui valoient mieux que nous*, &c. (2) & je le crois bien, puisque Homere & Moïse, les deux plus anciens de tous les Auteurs, n'ont jamais pu être égalés, je ne dis pas surpassés, mais égalés. Je cite Moïse, parce qu'il est auteur du Livre de Job, qu'on peut regarder comme un morceau de poésie sublime ; d'ailleurs Moïse est cité par Longin. Dans d'autres endroits des ouvrages de Platon, il est dit : « Nous avons appris par tradition com-

Mais on peut conjecturer de-là qu'il n'étoit pas absolument rare du temps de Mellin de St-Gélais, c'est-à-dire, il y a deux cens cinquante ans, de voir des cerises dans les vergers au premier de Mai, &c. Si l'on considere que St-Gélais vivoit sous les années Juliennes, & que le premier Mai de son temps tomboit précisément au 10 Mai d'aujourd'hui, la chose paroîtra moins surprenante, mais sera toujours un peu surprenante.

(1) *Lettr.* du 24 Juin 1676, Tom. 4.

(2) *Philebe*, pag. 243, Trad. de G.

» bien étoit heureuse la vie des premiers » hommes (des hommes du siecle de Saturne) où la terre fournissoit d'elle-même en abondance tout ce qui étoit nécessaire (1) ». Il avoit affirmé un peu auparavant, qu'on trouve en Egypte des ouvrages de peinture & de sculpture faits depuis dix mille ans, (quand je dis *dix mille ans*, ajoute Platon, ce n'est pas pour ainsi dire, mais c'est à la lettre,) qui ne sont ni plus ni moins beaux que ceux d'aujourd'hui (2).

L'Auteur ingénieux qui a si bien *mis en poudre le monde de verre*, & qui a réchauffé de sa critique le globe réfroidi, comment peut-il croire que l'hypothese de M. de B. soit plus opposée au récit de Moïse, que ne l'est au récit de Josué l'hypothese de Copernic; & comment n'a-t-il pas vu que toutes les réponses qui servent pour l'une, doivent servir aussi pour l'autre? Quand je dis *Josué*, j'entends le Livre de Josué, l'Auteur du Livre de Josué; car il est évident que si Josué eût écrit lui-même le Livre qui porte son nom, il n'auroit pas dit: *Non fuit anteà, nec fuit posteà tam*

(1) Loix, L. 4. pag. 223. Trad. de G.
(2) Loix, L. 2. pag. 82. Trad. de G.

longa dies, & il eût dit : *non fuit anteà, nec erit postèà tam longa dies.*

Mais il y a une tradition, objectent de sçavans critiques, & même, ajoutent-ils, les Saints Peres l'ont écrit, que le Messie devoit venir *in medio temporum* : ce qui ne peut s'accorder avec l'hypothese du Livre des Epoques. Mais ce *medium* n'a jamais paru bien clairement expliqué ; & il faut bien que cela soit ainsi, puisque nos aïeux ont toujours cru que le monde devoit finir mille ans après la naissance du Messie ; & que c'est d'après cette raison aussi pieuse que solide, qu'ils ont entrepris les Croisades. D'ailleurs, il n'y a qu'à lire les ouvrages des *Millénaires*, opinion tirée des *mille ans* de Platon, pour voir que ce *medium temporum* n'est ni connu ni entendu ; supposé que ce *medium* ne fût pas un mystere, & qu'il pût être susceptible d'explication, car je respecte les opinions théologiques, rien ne le rendroit moins obscur que l'hypothese du Livre des Epoques, puisque 72000 auroient précédé, & que 72000 doivent suivre.

Pour combattre solidement l'hypothese de l'Auteur du Livre des Epoques, son critique, au lieu de s'attacher à la généalogie des planetes, auroit dû prouver,

1°. que le feu ne se dissipe point & ne s'évapore point pour toujours, mais qu'il revient de nouveau se combiner avec les élémens, ainsi que l'eau, laquelle, après s'être évaporée, se résout en nuages, ensuite en pluie, & retourne enfin à la mer d'où elle s'étoit échappée. Mais alors on renverra le Critique au *Discours sur le feu*, chef-d'œuvre de Boerhaave, où cet illustre Auteur, d'après les observations de Cruckius, & les expériences de tous les Sçavans de l'Europe, prouve que le feu doit s'évaporer, se dissiper, s'échapper, *pour ne revenir jamais* : ce qui lui fait distinguer deux sortes de feu, le feu élémentaire & le feu alimentaire (1). Or s'il est démontré que le feu s'échappe pour ne revenir jamais, il est donc par-là même démontré que la terre doit continuellement fournir un nouveau feu pour suppléer à celui qui s'est évaporé; & il ne s'agit plus que de sçavoir si l'Auteur de la nature a voulu que la mine d'où ce nouveau feu est continuellement tiré, fût inépuisable.

2°. Le Critique devoit exposer pourquoi le feu est le seul principe actif qu'on

(1) *Quin & post summa incendia sylvarum, per multos quandoquè menses producta, numquàm vel minimum posted aloris incrementum remansisse umquàm compertum fuit, &c.*

connoisse parmi les élémens, & pourquoi les élémens, dès qu'ils cessent d'être animés par le feu, & d'avoir fait avec lui société, ne sont plus que des masses informes, destituées du mouvement, & livrées à l'inertie? Pourquoi dans la derniere éruption de l'Ethna la lave, ainsi qu'une serre chaude, a fait incontinent reverdir tous les arbres, & les a chargés de fleurs comme au printemps? Pourquoi dans la province de Glocester en Angleterre, il y avoit autrefois des vignes? (1) Pourquoi il y en avoit aussi anciennement en Picardie; & pourquoi l'on pourroit prédire que dans cinq à six cens ans, il n'y en aura peut-être plus aux environs de Paris, puisqu'on voit les Fermiers de vingt ans en vingt ans diminuer insensiblement le nombre de leurs vignes, &c.?

3°. Puisque le Critique bannit la *chaleur centrale*, & qu'il ramène tout au seul feu du soleil, il devoit donc nous dire pourquoi la terre, étant plus près du soleil en hiver de deux millions de lieues environ, il fait cependant moins chaud sous le tropique du Capricorne que sous le tropiqu

(1) Hist. du Comté de Glocester, par M. Rudder Londres, 1779.

du Cancer ; & pourquoi les chaleurs qu'on éprouve à Alexandrie l'emportent de beaucoup sur les chaleurs du Cap de Bonne-Espérance ? Il auroit pu nous dire aussi pourquoi les Anciens croyoient la zone torride inhabitable ? En jugeoient-ils par les chaleurs qu'ils éprouvoient dans leurs climats, ou avoient-ils réellement tenté de percer dans la zone torride, c'est-à-dire de pénétrer dans l'intérieur de l'Afrique, & les chaleurs les en avoient-elles repoussés ? En ce cas-là, les chaleurs sur la surface du globe terraqueux devoient donc alors, c'est-à-dire il y a trois ou quatre mille ans, être plus grandes qu'elles ne le sont aujourd'hui ; & cela pourroit bien être, puisque les Hippopotames par exemple, pour ne citer ici que l'Egypte, se trouvoient dans le Nil en abondance il y a trois mille, & même deux mille ans (1), tandis que depuis long-temps on ne les y rencontre plus, &c. Toutes ces difficultés méritoient bien une explication de la part

(1) *Equo fluviatili*, quem gignit Ægyptus, *juba equi*, &c. *Arist. de Hist. Anim. Lib.* 2. *cap.* 7.

Major altitudine in eodem Nilo bellua Hippopotamus editur. *Plin.* (*Harduini*) *Nat. Hist. Lib.* 8. *cap.* 39.

Fluviatiles equi, Nili alumni. *Ælian. de Nat. Anim. Lib.* 5. *cap.* 53.

d'un Critique éclairé, judicieux & profond, comme M. l'Abbé Royou.

Mais pour en revenir aux négations, dont *la dégénération des Langues* ne m'a que trop long-temps fait écarter, je ne blâme pas, je ne condamne pas ceux qui admettent la négation dans ces sortes de phrases: *avant que* vous *n'*écriviez : il *n'*est pas *plus* sçavant qu'il *n'*étoit, *tant s'en faut* qu'il *n'*ait été sage, &c. ou qui la retranchent dans ces sortes de locutions : n'*empêchez* pas qu'il fasse le bien, *ne niez pas* qu'il soit généreux, *il n'y a pas jusqu'*à Porcie qui combatte pour la liberté, &c. Mais il ne faut pas qu'ils disent, pour s'autoriser à retrancher la négative, ou à l'admettre dans ces occurrences, ni que c'est la regle puisque nous venons de faire voir le contraire, ni que c'est l'usage puisque le plus grand nombre des Ecrivains n'est pas de leur opinion. D'ailleurs quand l'usage est partagé, on a le choix; qu'ils ne forcent donc pas les autres à vouloir se conformer à leur maniere d'écrire, & qu'ils soient satisfaits de voir leur opinion respectée.

FIN.

TABLE.

Fin de la Table.

PRIVILEGE DU ROI.

LOUIS, par la grace de Dieu, Roi de France & de Navarre : A nos amés & feaux Conseillers, les Gens tenans nos Cours de Parlement, Maîtres des Requêtes ordinaires de notre Hôtel, Grand-Conseil, Prévôt de Paris, Baillifs, Sénéchaux, leurs Lieutenans Civils & autres nos Justiciers qu'il appartiendra : SALUT. Notre amé le Sieur ***. Nous a fait exposer qu'il desireroit faire imprimer & donner au Public, le *Traité des Négations de la Langue Françoise*, de sa composition, s'il Nous plaisoit lui accorder nos Lettres de Permission pour ce nécessaires. A CES CAUSES, voulant favorablement traiter l'Exposant, Nous lui avons permis & permettons par ces Présentes, de faire imprimer ledit Ouvrage autant de fois que bon lui semblera, & de le faire vendre & débiter par tout notre Royaume, pendant le temps de cinq années consécutives, à compter du jour de la date des Présentes. Faisons défenses à tous Imprimeurs, Libraires, & autres Personnes de quelque qualité & condition qu'elles soient, d'en introduire d'impression étrangere dans aucun lieu de notre obéissance ; à la charge que ces Présentes seront enregistrées tout au long sur le Registre de la Communauté des Imprimeurs & Libraires de Paris, dans trois mois de la date d'icelles ; que l'impression dudit Ouvrage sera faite dans notre Royaume & non ailleurs, en bon papier & beaux caracteres ; que l'Impétrant se conformera en tout aux Réglemens de la Librairie, & notamment à celui du 10 Avril 1725, & à l'Arrêt de notre Conseil du 30 Août 1777, à peine de déchéance de la présente Permission ; qu'avant de l'exposer en vente, le manuscrit qui aura servi de copie à l'impression dudit Ouvrage, sera remis dans le même état où l'Approbation y aura été donnée, ès mains de notre très-cher & féal Chevalier Garde des Sceaux de France le Sieur HUE DE MIROMENIL ; qu'il en sera ensuite remis deux Exemplaires dans notre Bibliotheque publique, un dans celle de notre Château du Louvre, un dans celle de notre très-cher & féal Chevalier Chancelier de France, le Sieur DE MAUPEOU, & un dans celle dudit Sieur HUE DE MIROMENIL : le tout a peine de nullité des Présentes, du contenu desquelles vous mandons & enjoignons de faire jouir ledit Exposant & ses ayans causes, pleinement & paisiblement, sans souffrir qu'il leur soit fait aucun trouble ou empêchement. VOULONS qu'à la copie des Présentes, qui sera imprimée tout au long, au commencement ou à la fin dudit Ouvrage, foit soit ajoutée comme à l'Original. COMMANDONS au premier notre Huissier ou Sergent sur ce requis, de faire pour l'exécution d'icelles, tous actes requis & nécessaires, sans demander autre permission, & nonobstant clameur de Haro, Charte Normande, & Lettres à ce contraires. Car tel est notre plaisir. DONNÉ à Paris, le trentieme jour du mois d'Août, l'an de grace mil sept cent quatre-vingt, & de notre Regne le septieme. Par le Roi en son Conseil.

LE BEGUE.

Registré sur le Registre XXI. *de la Chambre Royale & Syndicale des Libraires & Imprimeurs de Paris*, N°. 2104, *fol.* 369, *conformément aux Dispositions énoncées dans la présente Permission ; & à la charge de remettre à ladite Chambre les huit Exemplaires prescrits par l'Article* CVIII *du Réglement de* 1723. *A Paris, ce* 5 *Septembre* 1780.

LE CLERC, Syndic.

CATALOGUE

Des Livres qui se trouvent chez le même Libraire.

RÉVOLUTIONS Romaines, de *Vertot*, 3 *vol. in*-12, 6 liv.

— de Suede, 2 *vol. in*-12. 4 liv.

— de Portugal, 1 *vol. in*-12. 2 liv.

Histoire de Malthe, 7 *vol. in*-12. 14 liv.

Recherche de la Vérité, du Pere *Malbranche*, 4 *vol. in*-12. 8 liv.

Etudes des Demoiselles, 2 *vol. in*-12. 5 liv.

Analyse des Conciles, du Pere *Richard*, 5 *vol. in*-4°. 48 liv.

Dictionnaire Poëtique d'éducation, 2 *vol. in*-8°. 8 liv.

— de Littérature, 3 *vol. in*-8°. 12 liv.

— des Cultes religieux, 3 *vol. in*-8°. 12 liv.

— des Artistes, 2 *vol. in*-8°. 8 liv.

— Drammatique, 2 *vol. in*-8°. 10 liv.

— des Passions, 2 *vol. in*-8°. 8 liv.

— des Gabelles, 1 *vol. in*-4°. 8 liv.

— des Monnoies, 2 *vol. in*-4°. 15 liv.

Eloge de la Folie, 1 *vol. in*-8°. 4 liv.

Esprit des Esprits, 1 *vol. in*-12. 2 liv.

Fables de la Fontaine, *in*-12. 1 liv. 16 s.

Maison rustique, 2 *vol. in*-4°. 21 liv.

Histoire de Théodose, 1 *vol. in*-12. 2 liv.

— de Henri IV, de *Peréfix*, *in*-12. 2 liv. 10 s.

Paradis perdu, de *Milton*, 3 *vol. in*-12. 7 liv. 10 s.

De l'Homme & de la Femme, 3 *vol. in*-12. 6 liv.

Iphis & Aglaë, 2 *vol. in*-12. 4 liv.

Nouvelle Héloïse, 3 *vol. in*-12. 7 liv.

Eleve de la Nature, 3 *vol. in*-12. 6 liv.

Livres nouveaux.

Abrégé Chronologique de l'Histoire Universelle par M. *Magnier*; les deux premieres Parties paroissent, 1 *vol. in*-12 broché. 2 liv. 10 s.

Histoire Générale & Particuliere de la Grece, par M. *Consin Despréaux*, 4 *vol. in*-12 broché. 10 liv.

Dialogues des Morts, de *Lucien*, traduits en françois, avec des Remarques élémentaires, à l'usage des Colleges de l'Université, par M. *Gail*, Docteur Agrégé de l'Université de Paris.

Capitularia Regum Francorum. Additæ sunt Marculfi Monachi & aliorum Formulæ veteres, & Notæ Doctissimorum virorum. Stephanus Baluzius Tutelensis, in unum collegit, ad vetustissimos Codices manuscriptos emendavit, Notis illustravit magnam partem primùm edidit anno M. DC. LXXVII. *Nova Editio auctior ac emendatior ad fidem autographi Baluzii qui de novo textum purgavit, notasque castigavit & adjecit: accessere Vita Baluzii partim ab ipso scripta, Catalogus Operum hujus Viri clarissimi cum animadversionibus historicis, & Index variorum Operum ab illo illustratorum, quorum plurimorum novas meditabatur Editiones. Curante* Petro De Chiniac, *Regi à Consiliis, Prosenescallo Generali Civili Userchæ, è Regia Humaniorum Litterarum Academia Montis-Albani. Paris*, 1780, 2 *vol. in-folio*, *Figures.* 64 liv.

Les Loix criminelles de France, dans leur ordre naturel, par M. *Muyart de Vouglans*, in-folio, relié. 30 liv.

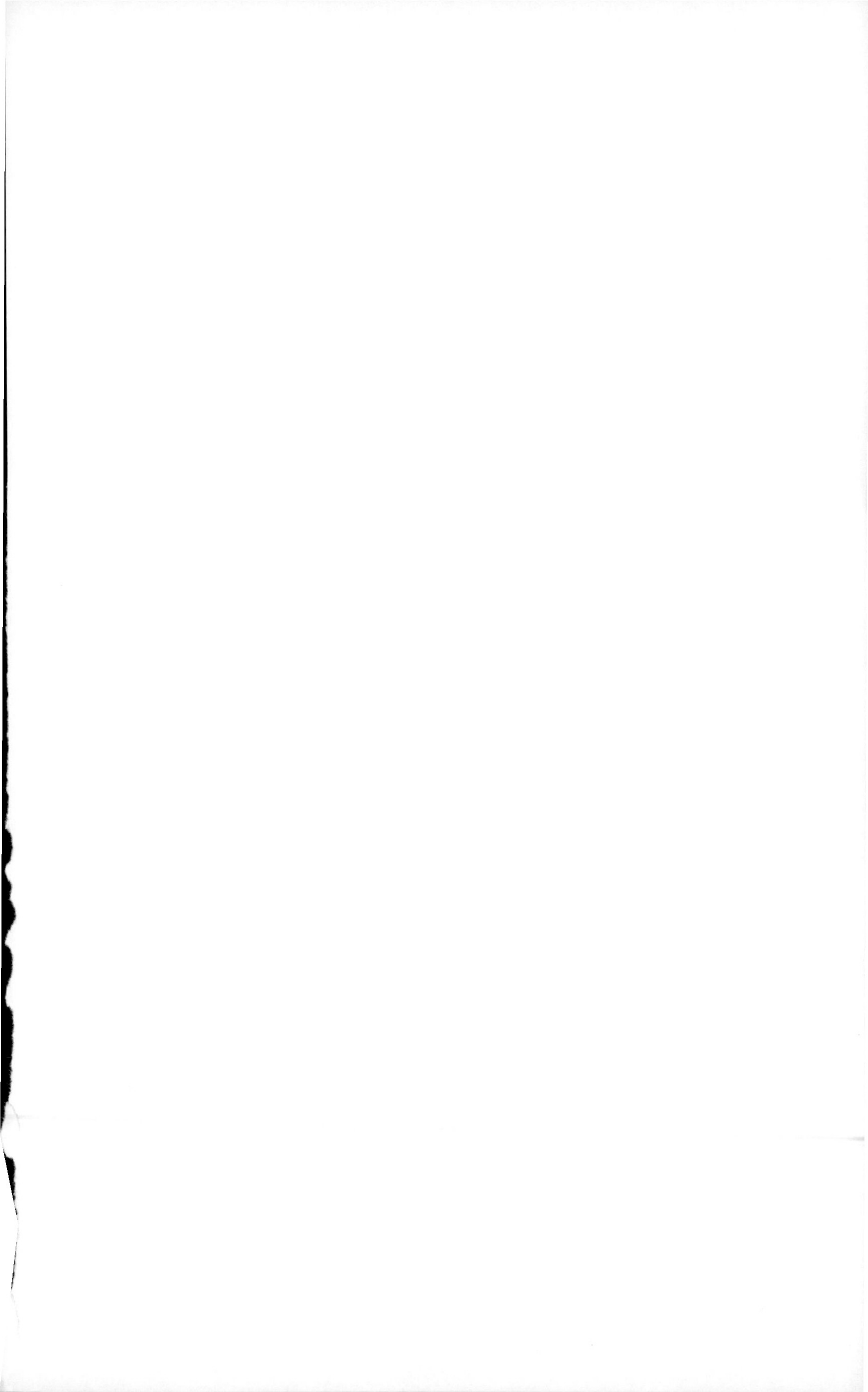

www.ingramcontent.com/pod-product-compliance
Ingram Content Group UK Ltd.
Pitfield, Milton Keynes, MK11 3LW, UK
UKHW021215230726
13926UKWH00003B/1044

9 782014 111149